經典
少年遊

004

樂府詩集

說故事的民歌手

Yuefu Poetry
Tales that Sing

繪本

故事◎比方
繪圖◎菌先生

宋朝的時候，

有一位音樂家名叫郭茂倩，

從小就喜歡吟誦詩歌。

為了讓更多人也能分享，

長大後，

他就到處收集，

並且把這些歌謠集結成冊，

取名為《樂府詩集》。

這是繼《詩經》之後，

最完整的中國古代詩歌總集。

3

其中，

他找到了一首令人鼻酸的歌。

有一個男孩才十五歲，

就接到命令去打仗。

等戰爭結束，回到家鄉的時候，

他已經八十歲，

家人都不見了，

家，也不再是家了。

另一首歌裡，

他聽到一個織布女孩在嘆息。

因為男子都上戰場了，

因此她的婚事只能一再錯過，

連媽媽也替她煩惱。

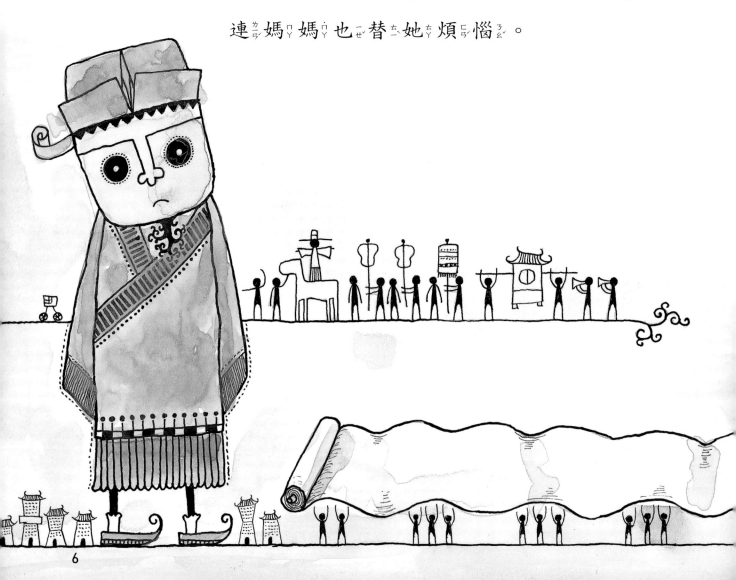

還有，　花木蘭女扮男裝，
代父從軍去打仗，
也是一首歌謠。

還有一位思鄉的戰士，
在戰場上大聲唱著：
「無邊無際的草原上，
一陣陣風吹過，
看得見低頭吃草的牛、羊……」

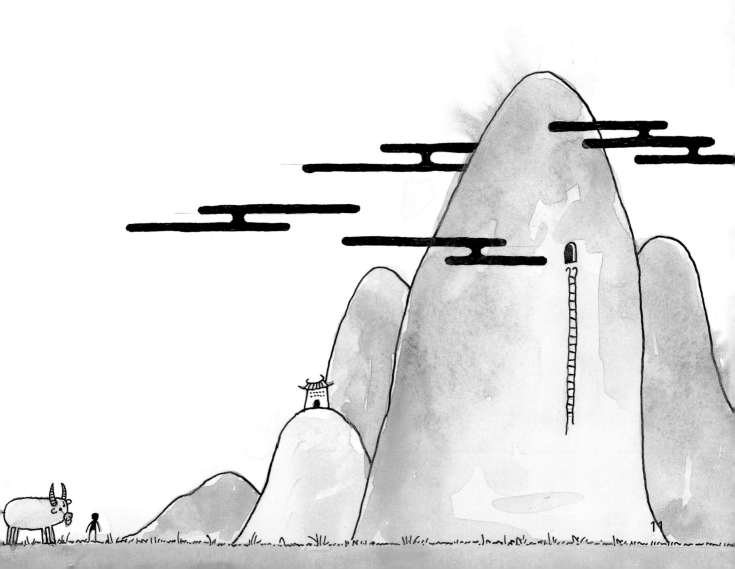

身經百戰的曹操，　手持長矛，
望著滔滔江水、　皎潔明月，
突然也唱起了短歌，　要大家珍惜時光。

12

一樣的月光下，
也有一個獨自在溪邊洗衣的少婦，
心中掛念著遠方的丈夫。

她ㄊㄚ心ㄒㄧㄣ裡ㄌㄧ想ㄒㄧㄤ著ㄓㄜ：

「到ㄉㄠ底ㄉㄧ何ㄏㄜ時ㄕ我ㄨㄛ的ㄉㄜ丈ㄓㄤ夫ㄈㄨ能ㄋㄥ凱ㄎㄞ旋ㄒㄩㄢ歸ㄍㄨㄟ來ㄌㄞ呢ㄋㄜ？

啊ㄚ，都ㄉㄡ是ㄕ戰ㄓㄢ爭ㄓㄥ惹ㄖㄜ的ㄉㄜ禍ㄏㄨㄛ！」

這ㄓㄜ樣ㄧㄤ的ㄉㄜ心ㄒㄧㄣ情ㄑㄧㄥ，也ㄧㄝ被ㄅㄟ唱ㄔㄤ了ㄌㄜ出ㄔㄨ來ㄌㄞ。

太平盛世有多好！
太陽出來去工作， 太陽下山來休息，
做個快樂的農夫，
安分守己， 一分耕耘一分收穫，
哪怕皇帝來管我？

夏日微風，

駕著扁舟划進蓮花池塘，

採集一朵朵蓮花、一枝枝蓮藕；

看魚兒在蓮葉間，

一會兒東；一會兒西；

一會兒南；

一會兒，又游到北……

還有一個遊子要遠行，
母親拿出針線為他縫衣，
心裡又擔心他不能早日回家。

郭茂倩想：
「一本詩集裡有多少令人感動的
故事啊！」

樂府詩集

說故事的民歌手

讀本

編者◎郭茂倩
原典改寫◎劉湘湄

樂府詩並不是一時一地一人的作品，它散落在民間，
經過郭茂倩精心收集編排成書。哪些人與樂府詩相關呢？

《樂府詩集》中的詩人橫跨各朝，
有些甚至無從考證詩人的身分。
宋代的郭茂倩（1041～1099年）
將這些樂府詩編輯成《樂府詩
集》，共一百卷，提供了後世許
多研究樂府的重要資料。史上關
於郭茂倩的記載不多，僅知他是
山東人，祖籍太原。

郭茂倩

相關的人物

荊軻

荊軻是史上知名的刺客，他受燕太子丹之託，
毅然刺殺秦王，最後失敗被殺。在他行刺前，
太子丹在易水邊為他送別。荊軻高唱著「風
蕭蕭兮易水寒，壯士一去不復返」，收錄於
《樂府詩集》中的〈荊軻歌〉。圖為漢朝時期，
荊軻刺秦王的浮雕磚，藏於北京首都博物館。

孟郊

《樂府詩集》中的〈遊子吟〉一詩，也是少數可以找到作者的作品。孟郊這首詩，寫出了一個穿越時空的母親形象，歌頌了母愛的偉大與無私，也如實地表達了人子對母親的感懷。

花木蘭

〈木蘭詩〉描寫的是一位女英雄代父從軍的故事。是否真有其人其事，無從考據，也無法確知木蘭真實姓氏，但是由這首詩發展出流傳至今的民間故事，塑造了一個巾幗不讓鬚眉的花木蘭，甚至還被改編成好萊塢動畫片。

焦仲卿

〈孔雀東南飛〉是中國文學史上第一部長篇敘事詩，原題為〈古詩為焦仲卿妻作〉。這首詩故事發生在東漢時期，說的是一位小官吏焦仲卿與妻子劉蘭芝兩人的婚姻悲劇。

白居易

唐朝的白居易套用了古樂府的形式，寫出了以新題寫時事，不需和歌入樂的新樂府，其中最著名的作品，就是白居易的〈秦中吟〉十首與〈新樂府〉五十首。

民歌歷經了許多時期不同的演化，而樂府是民歌中的精粹，從古至今樂府究竟經過什麼樣的流變呢？

西周到春秋中葉

樂府詩的內容主要是民歌，不過中國民歌出現的時間很早，最早可以追溯到有文字紀錄的，就是《詩經》。它的〈國風〉部分彙集了從西周初年到春秋中葉五百年間流行於各地的民歌，可說是樂府的前身。

秦朝

秦代首先建立了「樂府宮」這個機構，當時僅僅是負責祭典與禮制的機關。之後漢朝沿用這個名稱，後人便將樂府作為中國古代民歌的代稱。

詩經

樂府

相關的時間

樂府署

漢武帝時期

漢武帝設立「樂府署」，這是專門管理音樂的機構。他下令樂府署廣泛收集黃河、長江流域的民間歌謠，找司馬相如等人創作樂府詩歌外，還對這些民歌進行整理、改編、演唱，讓大量的民歌得到保存。兩漢樂府詩的特色，在於「感於哀樂，緣事而發」，故多長篇的敘事詩。

漢 武 帝 像

TOP PHOTO

南北朝

黃金時期

南北朝時期是樂府詩最發達的時期,大量的創作在此時誕生。由於南朝是由漢人所建立,北朝基本上是由北疆民族所統治,於是這時期的樂府詩可以看見兩地不同的風格與民情。南朝樂府大都是「緣情而綺靡」的抒情詩,而北朝的風格則雄渾大方。上圖是在甘肅的魏進墓彩繪磚畫,左邊的人彈奏那個長長的樂器叫「臥箜篌」,右邊像吉他的樂器則是「阮」,表現了當時生活宴會的場景。

唐朝

新樂府運動

安史之亂後,藩鎮割據、宦官擅政、賦稅繁重,因而有志之士希望透過改良政治,以使王室中興,遂有元積與白居易所提倡的新樂府運動。新樂府的特色是不和歌而唱,強調「文章合為時而著,歌詩合為事而作」,大大強調了詩歌的社會功能和諷諭作用。

宋朝

樂府詩集

《樂府詩集》的編輯者是郭茂倩,他非常有系統地將古代優秀的民歌與文人套用樂府舊題所作的詩歌,彙整成《樂府詩集》。他將這些歷代民歌按照曲調分類,同時又將較古老的民歌放在前面,讓後世研究者易於了解各種曲風與源流,是了解古代中國民歌非常重要的典籍。

清朝

近代研究

宋代郭茂倩之後仍陸續有學者研究樂府民歌,但是卻難以超越郭茂倩的成就。近代較為傑出者,就是清朝的杜文瀾。他以郭版的《樂府詩集》為基礎,加入了郭茂倩所缺漏而散見在各種史書和某些學術著作中的雜歌謠辭,集結成《古謠諺》一書。

樂府透露了許多不同年代常民生活的線索，是了解古代人民很珍貴的歷史寶庫。

中國最早有文字記載的民歌集是《詩經》，蒐羅了西周初年到春秋中葉的民間歌謠，多為四字一句。直到漢朝政府設立樂府機構，才由官方正式採集民歌，形成和歌入樂，不拘泥於四字一句的「樂府詩」。民歌中保存了各個時期各個民族的文化，不僅是常民生活很重要的一部分，也是窺見各民族文化的重要資產。

郭茂倩的《樂府詩集》是現今研究樂府詩的主要參考資料。除了這本以外，在由南朝昭明太子所編的《昭明文選》，以及南朝徐陵所編的《玉臺新詠》之中，也可以看到他們所編選的其他樂府詩。

民歌

其他樂府

游牧生活

相關的事物

《樂府詩集》中收錄了許多北朝時期的民歌，詩詞中不時流露出北方民族豪邁奔放的個性。北朝基本上是由鮮卑族所統治，他們長期居住在中國的北疆地區，基本上過著以逐水草而居的游牧生活，因此培養出與南方截然不同的開闊習氣。

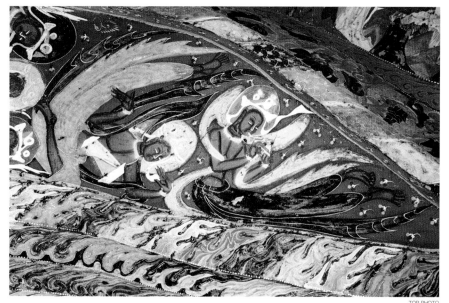

在《樂府詩集》裡，有很多作品都提及了戰亂。漢朝末年直到魏晉南北朝，這段期間社會一直處於戰亂頻繁、動盪不安的狀態，人民的心靈需要寄託。因此這段期間裡，先前由印度傳入的佛教，以及中國境內發展出的道教，兩股宗教勢力都迅速地壯大。不論是享有高度藝術成就的佛教石窟文化，或是對道教後來影響甚深的《抱朴子》一書，都是這個時期的產物。左圖為敦煌莫高窟的北朝西魏時期壁畫，繪有正在奏樂的樂伎天神。

TOP PHOTO

宗教信仰

竽與瑟

從秦朝到漢朝，樂府都是官方主管音樂的機構。而當時所流行的樂器，是「竽」及「瑟」。右圖是從馬王堆漢墓出土的奏樂木俑，分別演奏著竽和瑟，這在秦漢時期君主貴族間的聚會或宗廟祭典上十分常見。

TOP PHOTO

29

從樂器、唱歌的方式，以及所配合的舞蹈，
都能反映不同地區、民族的文化特質和生活習俗喔！

中國江南一帶盛產蓮花，在《樂府詩集》裡甚至有專門描述江南蓮田景色的〈江南〉一詩。其中，位於湖南省的湘潭縣，是中國的湘蓮之鄉，自古便有「湘蓮甲天下，潭蓮冠湖湘」的美譽。

湘潭

相關的地方

貴州

彝族是貴州的少數民族，也是目前一支擁有許多不同的傳統民歌的民族。他們的民歌是生活中非常重要的部分。藉由一邊唱著民歌，一邊教育族內小朋友許多生活知識，在唱唱跳跳中傳承老祖先的智慧。

TOP PHOTO

玉門關

位於甘肅省敦煌市的玉門關（上圖），是漢武帝時所設置，因為漢代從西域輸入玉石皆由此道進入中原，故名為玉門關。玉門關是中國通往西域最重要的關卡，之後就常被文人在文章中詠嘆，例如李白在《樂府詩集》裡的〈子夜吳歌〉，即有「秋風吹不盡，總是玉關情」的詩句。

濟南

除了《樂府詩集》收錄的民歌外，目前在中國仍有一些特殊的民歌被保存下來，例如早期農耕時期吟唱的秧歌。山東濟南的商河縣是鼓子秧歌的發源地，至今仍保有在元宵節表演秧歌的傳統，透過歌舞的方式，祈求並感謝風調雨順，五穀豐收。

陰山

橫亙在內蒙古自治區中部的陰山山脈，天高地闊，草原廣袤，自古便有一群名為「敕勒」的游牧民族生活在此。從《樂府詩集》中的〈敕勒歌〉裡，我們仍可以想見那般開闊豪放的北疆風情。

原典

十五從軍征　　　佚名

十五從軍征[1]，八十始得歸[2]。

道逢[3]鄉里人：

「家中有阿誰？」

「遙看是君家，

松柏塚累累[4]。」

1. 征：征戰
2. 歸：回家
3. 逢：遇見
4. 塚累累：墳墓很多

兔從狗竇[5]入，雉[6]從梁[7]上飛。

中庭[8]生旅穀[9]，井上生旅葵[10]。

舂[11]穀持作飯，采[12]葵持作羹[13]。

羹飯一時熟，不知貽[14]阿誰。

出門東向看，淚落沾[15]我衣。

5. 狗竇：狗洞
6. 雉：野雞
7. 梁：架在柱上，用來支撐屋頂的橫木
8. 中庭：建築物中央的露天庭院
9. 旅穀：野生的穀
10. 旅葵：野菜

11. 舂：搗去穀物的殼
12. 采：摘
13. 羹：湯
14. 貽：贈送
15. 沾：浸溼

換個方式讀讀看

　　漢武帝時，是個戰爭頻仍的時代，男兒接到軍令不得不遵從，速速整理簡單的行囊就離家了。

　　他，離家時不過是一個十五歲的少年，跟隨軍隊南征北討，經歷數十年的驍勇抗戰，終於在八十歲的這一年，能夠重回家鄉。

　　他回到家鄉，路上遇見同鄉的人，忍不住開口問：「朋友，請問您啊！我家裡還有哪些人呢？」

　　「您可回來啦！唉！您瞧一瞧，遠方那間屋子就是您的家，只不過那兒如今已是長滿松柏的墳堆了⋯⋯」

　　他聽了鄉人的話，心裡十分難過，勉強慢慢走近他的家，他看見野兔正在牆上的狗洞鑽來鑽去，野雞在梁柱間飛來飛去；再往前走到了中庭，他看見野生的稻穀生長在庭院裡，也有野菜生長在水井旁。家中景象與

當初離開時全然不同，思念的親人也已經都不在了啊！

　　他到庭院撿拾一些野生的稻穀來做飯，也撿一些野菜來煮湯，但熱飯熱湯煮好了，卻不知道要與誰分享啊！多年來，他的親人是怎麼生活呢？如今他想與他們閒話家常，卻不知道要跟誰去說啊？

　　想到這兒，他放下手中的碗筷，走到門外向東邊看去，不覺老淚縱橫，沾溼了衣裳。從今以後，就剩下他一個老翁，孤零零地獨自生活了。

　　曾經多少人因為戰爭而家破人亡？戰士們固守城堡，手持盾牌與長矛抵禦敵軍侵略，生命安危已經不是他自己能掌握的了。而當他平安回歸故里，又有多少機會可以與家人重聚？有多少可能是必須一個人面對往後的日子？

原典

江（ㄐㄧㄤ）南（ㄋㄢˊ）　佚（ㄧˋ）名（ㄇㄧㄥˊ）

江（ㄐㄧㄤ）南（ㄋㄢˊ）可（ㄎㄜˇ）采（ㄘㄞˇ）¹蓮（ㄌㄧㄢˊ），
蓮（ㄌㄧㄢˊ）葉（ㄧㄝˋ）何（ㄏㄜˊ）田（ㄊㄧㄢˊ）田（ㄊㄧㄢˊ）²。
魚（ㄩˊ）戲（ㄒㄧˋ）蓮（ㄌㄧㄢˊ）葉（ㄧㄝˋ）間（ㄐㄧㄢ）：
魚（ㄩˊ）戲（ㄒㄧˋ）蓮（ㄌㄧㄢˊ）葉（ㄧㄝˋ）東（ㄉㄨㄥ），

1. 采：同「採」
2. 田田：荷葉清新碧綠

魚ㄩˊ戲ㄒㄧˋ蓮ㄌㄧㄢˊ葉ㄧㄝˋ西ㄒㄧ，

魚ㄩˊ戲ㄒㄧˋ蓮ㄌㄧㄢˊ葉ㄧㄝˋ南ㄋㄢˊ，

魚ㄩˊ戲ㄒㄧˋ蓮ㄌㄧㄢˊ葉ㄧㄝˋ北ㄅㄟˇ。

換個方式讀讀看

　　黃河與長江，是影響中國文化起源與蓬勃發展很重要的兩條河流，牽繫著無數個朝代的興衰盛世。隨著朝代更迭，漢代經濟逐漸南移，長江的地位也日益重要！

　　長江以南的沿岸風光，儼然是一座水鄉澤國，大大小小的湖泊形成特殊的地理景觀，許多民間住宅更是與河水比鄰而居呢！

　　江南多湖泊，湖岸多美景，其中又以蓮花池塘堪稱一絕。夏日微風輕拂，池邊柳絮隨風輕擺，湖面上也掀起一圈圈漣漪，點點青綠隨波逐流，偌大的蓮花葉襯托青蓮那秀美姿態。每逢夏季，江南蓮花正值旺季，許多農家紛紛駕著扁舟划進這一片如詩如畫的蓮花池塘，打算採集一朵朵蓮花、一枝枝蓮藕。啊！這寬廣的蓮葉何其多！一畦又一畦，似乎數也數不盡呢！年輕的農家大哥哥與採蓮女子各自划著小船往來穿梭，心情

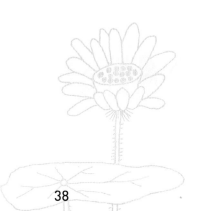

好時你一句、我一句，彼此唱和，消磨許多時光，也互相試探雙方的好感……

　　而其中最優游自在的就是池塘裡的魚群，成群地在青綠色的蓮葉下游來游去，為整座池塘增添活力氣息！也許是躲避豔陽的照射，魚群在蓮葉間一刻也不得閒，一會兒，游到蓮葉的東邊；一會兒，游到蓮葉的西邊；一會兒，游到蓮葉的南邊：一會兒，又游到蓮葉的北邊。說也奇怪，在池塘間輕駕小船的農家大哥哥與採蓮女子，似乎也跟隨小魚兒的身影，東西南北起來了。

　　這首漢樂府是採蓮人家日日在太陽下工作時，藉由這類哼哼唱唱，來調劑一下工作的氣氛。先由一採蓮女子起頭前三句歌詞，其餘四句由眾人協助唱和，熱鬧的情景不言可喻啊！

原典

擊ㄐㄧˊ壤ㄖㄤˇ歌ㄍㄜ（夏ㄒㄧㄚˋ商ㄕㄤ民ㄇㄧㄣˊ歌ㄍㄜ） 佚ㄧˋ名ㄇㄧㄥˊ

日ㄖˋ出ㄔㄨ而ㄦˊ作ㄗㄨㄛˋ[1]，

日ㄖˋ入ㄖㄨˋ[2]而ㄦˊ息ㄒㄧˊ[3]，

鑿ㄗㄠˊ[4]井ㄐㄧㄥˇ而ㄦˊ飲ㄧㄣˇ[5]，

1.作：工作
2.日入：日落
3.息：休息
4.鑿：挖掘
5.飲：喝水

耕《田而食，

帝力於我何有哉。

6. 食：吃飯
7. 帝力：君王的作為

換個方式讀讀看

　　堯舜時期，各個部落因為懂得「選賢與能」，推舉真正賢明的人扛下重責大任，開創了太平盛世。而以民為先的堯帝，尤其非常關心老百姓的感受。

　　據說堯帝設了一張大鼓，只要百姓有話想說，就可以去敲打這張鼓，請堯帝聆聽他們的心聲；他還植了一棵大樹，一旦百姓發表言論，可以盡情地在這棵樹下暢所欲言，同時他也會邀請大家一起聆聽、關心。

　　在乎百姓的堯帝，甚至微服出巡，想多深入民間，了解百姓真實的生活情形。有天，當他走在田野中，看見了一位老人正一邊敲著地一邊唱著歌：

「太陽一從東方升起，大夥兒全都出門工作；

太陽一從西方落下，大夥兒便陸續回到家中準備休息。

如果覺得口渴，就尋覓水源出處，自己挖井取水來喝；

每日三餐也都是自食其力，辛苦耕耘所收穫的呢！

平時的生活就是那麼怡然自得，堯帝推動的『無為而治』，

不僅讓老百姓輕鬆自在，也讓人忽略了皇帝擁有的權力呢！」

　　這首歌充分說明了，堯帝將國家治理得多麼好，老百姓的日子如何平
安快樂。雖然是即興創作，卻傳唱了幾千年之久。能夠生活在如此太平
盛世，幾乎是每一個時代、每一個人亙古不變的心願吧。

原典

折楊柳枝詞　　佚名

門前一株棗，歲歲[1]不知老[2]。
阿婆不嫁女，哪得孫兒抱？
敕敕[3]何力力[4]，女子臨窗織[5]，

1. 歲歲：長年、經年累月
2. 老：變老
3. 敕敕：織布的聲音
4. 力力：意同敕敕
5. 織：織布

不ㄅㄨ聞ㄨㄣ機ㄐㄧ杼ㄓㄨ聲ㄕㄥ，只ㄓ聞ㄨㄣ女ㄋㄩ嘆ㄊㄢ息ㄒㄧ。

問ㄨㄣ女ㄋㄩ何ㄏㄜ所ㄙㄨㄛ思ㄙ7？問ㄨㄣ女ㄋㄩ何ㄏㄜ所ㄙㄨㄛ憶ㄧ8？

阿ㄚ婆ㄆㄛ許ㄒㄩ9嫁ㄐㄧㄚ女ㄋㄩ，今ㄐㄧㄣ年ㄋㄧㄢ無ㄨ消ㄒㄧㄠ息ㄒㄧ。

6. 機杼：織布的工具
7. 思：想
8. 憶：想念、思念
9. 許：允許

換個方式讀讀看

　　庭院的大門前有一棵棗樹，經年累月結出許許多多的棗子。年復一年，棗樹總是每年結果，一點兒也沒有變老的跡象。看著結實纍纍的棗樹，阿婆心裡想著，何時她也能像棗樹一樣，有滿堂的子孫圍繞在身邊呢？

　　阿婆其實有一個待字閨中的女兒，只是年歲漸增，她有些擔心女兒出嫁後得自己一個人生活，所以遲遲不為女兒安排婚事。可是，不讓女兒出嫁，怎麼有機會抱孫兒呢？

　　已屆適婚年齡的她，看著街坊鄰居紛紛為子女完成終身大事，又羨慕又著急，很期待自己也能覓得好對象。她也曾經試探阿婆，「母親，我年紀也不小了，您有打算安排我的親事嗎？」阿婆總是回答：「再說吧！」

　　「敕敕～力力～」織布機忙碌的聲音不絕於耳，她在織布機旁一邊工

46

作一邊想著心事。機器運轉的聲音停止了，只聽見她幽幽嘆了一口氣。

　　鄰居大姊聽見了，熱心地過來問她：「小妹呀！你怎麼啦？什麼事情不開心呢？」

　　「親愛的大姊，您啊！就別再逼問了吧！」

　　「好吧！好吧！我不再追問了。你呀！開心一些。」鄰居大姊說。

　　阿婆聽見這段談話，思索著：孝順的女兒即使在出嫁後，應該還是會時常回來探望我的啊！

　　「女兒，你想出嫁，我就幫你安排吧！」

　　阿婆終於答應嫁女兒的事很快地傳遍了鄉里，每個人都祝福她能早日覓得好人家。但在戰事連連的時代裡，年輕男子幾乎都被徵召當兵去，可能得再等待一些日子啊！

原典

敕ㄔˋ勒ㄌㄜˋ歌ㄍㄜ　　佚一ˋ名ㄇㄥˊ

敕ㄔˋ勒ㄌㄜˋ[1]川ㄔㄨㄢ，陰一ㄣ山ㄕㄢ[2]下ㄒ一ㄚ。
天ㄊ一ㄢ似ㄙˋ穹ㄑㄩㄥˊ廬ㄌㄨˊ[3]，籠ㄌㄨㄥˊ蓋ㄍㄞˋ[4]四ㄙˋ野一ㄝˇ[5]。

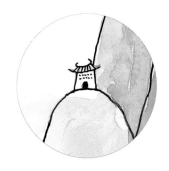

1. 敕勒：種族名
2. 陰山：山名，中國北方的屏障
3. 穹廬：蒙古人住的帳篷
4 籠蓋：覆蓋
5. 四野：四方的原野

天ㄊㄧㄢ 蒼ㄘㄤ 蒼ㄘㄤ[6]，野ㄧㄝˇ 茫ㄇㄤˊ 茫ㄇㄤˊ[7]，

風ㄈㄥ 吹ㄔㄨㄟ 草ㄘㄠˇ 低ㄉㄧ 見ㄐㄧㄢˋ 牛ㄋㄧㄡˊ 羊ㄧㄤˊ。

6. 天蒼蒼：形容天廣闊無邊
7. 野茫茫：原野遼闊的樣子

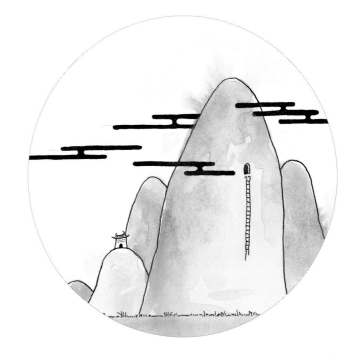

換個方式讀讀看

在黃河北方的陰山腳下，曾經有一古稱「敕勒」的民族，是一群逐水草而居的游牧民族。

這群人口渴了，懂得擠牛、羊奶來喝；餓了，會調配各式各樣的奶製品來飽餐一頓；遠方的商人來了，也許賣給他肥美肉質的牛、羊，他們透過多元交易的方式以維持生活。

當一大片青青草原被牛羊吃得精光了，他們就再啟程前往另外一片豐盈的草原。草長出來了，牧人們又再度回來，居無定所的游牧生活，倒也相當愜意自在啊！

南北朝時期，北魏分裂，東魏由丞相高歡掌權，西魏由宇文泰統管，兩人都希望自己能統一天下，使得雙方交戰機會激增。

高歡自小居住在北方邊疆地區，熟悉寬廣的草原環境，對於放牧牛羊的生活亦不陌生。他相當提倡「敕勒文化」，認為自己幾代以來都居住

在北疆地帶，學習了許多敕勒文化，而與他出生入死的兵將中，也是敕勒族人佔了大多數。

一次出戰西魏，高歡帶領二十萬大軍出征，結果損失慘重。回到營地之後，哀傷的他難過得說不出話來，為了安撫軍心，他故作鎮定出席晚宴，席中令大將高唱〈敕勒歌〉，隨著渾厚悠揚的聲音，昂揚的士氣再次充滿營地。

橫亙國土的陰山山腳下，流動著一條源源不絕的川水──敕勒川。抬頭一看，寬廣浩瀚的天空，就像平時居住的蒙古包一般，包覆了大地。天空如此浩大蒼茫，無邊無際；草原如此遼闊，無邊無際，一陣陣風吹過，草兒一一彎下了腰來，正在其中飽餐的牛群、羊群時隱時現。

一曲歌罷，思念家鄉的戰士重振士氣，讓高歡帶領他們戰勝敵人、回到故鄉。

原典

木蘭詩（節選）　　佚名

唧唧[1]復唧唧，木蘭當戶織。

不聞機杼[2]聲，唯聞女嘆息。

問女何所思？問女何所憶？

女亦無所思，女亦無所憶。

昨夜見軍帖[3]，可汗[4]大點兵。

軍書十二卷，卷卷有爺[5]名。

阿爺無大兒，木蘭無長兄。

願為市[6]鞍馬，從此替爺征[7]。

1. 唧唧：嘆息聲　　　　　5. 爺：父親
2. 機杼：織布的工具　　　6. 市：買
3. 軍帖：徵兵的文件　　　7. 征：加入軍隊
4. 可汗：天子

東市買駿馬，西市買鞍韉[8]，

南市買轡頭[9]，北市買長鞭。

朝辭[10]爺孃[11]去，暮宿[12]黃河邊。

不聞爺孃喚女聲，

但聞黃河流水鳴濺濺[13]。

旦辭黃河去，暮宿黑山頭。

不聞爺孃喚女聲，

但聞燕山胡騎聲啾啾[14]……。

8. 鞍韉：馬背上的座墊
9. 轡頭：控制馬的工具
10. 辭：離開
11. 爺孃：父母

12. 宿：過夜
13. 濺濺：流水聲
14. 啾啾：馬鳴聲

換個方式讀讀看

　　木蘭總是在屋子裡踩著織布機工作，織布機一聲聲地傳來，布匹就一吋吋地織好了。可是這一天，織布機卻停了下來，只聽見木蘭一聲又一聲的嘆息。街坊鄰居於是著急地問她：「心裡是在思念某個人嗎？或是回憶起令人不開心的事情？」她回答：「我沒有想念什麼人，也沒有任何不開心的事情。」

　　原來是昨天家裡收到了軍帖，天子廣徵國內可以作戰的男人，支援前線。長長的十二卷軍書中，赫然就有木蘭父親的名字。只是年邁的老父身體虛弱，要如何出征、殺敵呢？唉！偏偏木蘭沒有兄長可以代替父親出征，該怎麼辦才好呢？

　　於是，木蘭當機立斷，做了決定：

「父親！您別擔心！我立刻上市集買齊軍備的馬匹、座鞍、轡頭以及長鞭，代父從軍去。」

隔天一大清早，木蘭揮別雙親，騎上駿馬呼嘯而去，一路奔馳、奔馳……直到了晚上才在黃河邊休息。

夜裡的河水澎湃湍急，猛力拍打著岩石，發出鏗鏘有力的聲響。這裡離家已經相當遙遠。木蘭開始想家了，但她已經無法聽到父親與母親的呼喚了。

天亮之後，她整裝、上馬，繼續趕路。這天晚上到達了黑山頭，就要接近戰場了。從此之後，她再也聽不到父親與母親的呼喚，只能聽見燕山敵人啾啾的馬鳴聲，心中期盼著有一天能重返家鄉啊！

原典

短歌行（節選）曹操

對酒當歌，人生幾何[1]？
譬如朝露[2]，去日[3]苦多！
慨當以慷[4]，憂思難忘，
何以解[5]憂？唯有杜康[6]……

1. 幾何：多少
2. 朝露：早晨的露水
3. 去日：過去的日子

4. 慨、慷：慷慨，意氣高昂
5. 解：紓解
6. 杜康：酒

月ㄩㄝˋ明ㄇㄧㄥˊ星ㄒㄧㄥ稀ㄒㄧ[7]，烏ㄨ鵲ㄑㄩㄝˋ南ㄋㄢˊ飛ㄈㄟ，

繞ㄖㄠˋ樹ㄕㄨˋ三ㄙㄢ匝ㄗㄚ[8]，何ㄏㄜˊ枝ㄓ可ㄎㄜˇ依ㄧ[9]？

山ㄕㄢ不ㄅㄨˋ厭ㄧㄢˋ[10]高ㄍㄠ，海ㄏㄞˇ不ㄅㄨˋ厭ㄧㄢˋ深ㄕㄣ，

周ㄓㄡ公ㄍㄨㄥ吐ㄊㄨˇ哺ㄅㄨˇ[11]，天ㄊㄧㄢ下ㄒㄧㄚˋ歸ㄍㄨㄟ心ㄒㄧㄣ[12]。

7. 稀：稀疏
8. 三匝：三圈
9. 依：依靠棲息
10. 厭：滿足

11. 吐哺：吐出口中的食物
12. 歸心：誠心歸附

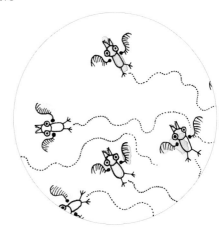

換個方式讀讀看

　　曹操平定北方後，積極練兵準備南下攻打孫權、劉表，以奪得天下。為感謝將士們的貢獻，曹操在江邊宴請將士，把酒言歡。也許是出於酒意，或者是感慨，曹操手持長矛，望著滔滔江水、皎潔明月，突然文思泉湧，即興創作了這首流傳千古的〈短歌行〉：

　　「將士們，來吧！讓我們珍惜相處的時間，舉杯共飲，畢竟人生無法長長久久。

　　還記得早晨葉片上的露水，一下子就被陽光蒸發消失不見啦！

　　時光流逝真的太快太急了。

　　雖然席上歌聲激昂慷慨，但那擾人的煩惱卻難以忘懷。

　　想要徹底忘記憂愁，恐怕還是得靠「酒」這位朋友了。

我心底掛念的好朋友啊！你像極了天上皎潔的明月，

什麼時候我們才能在一起回憶往日的情誼？

在思念你的時候，正巧看見烏鵲往南方飛去，

牠在同一棵樹繞來繞去，似乎在找尋可以棲息的枝條，

究竟是哪一根樹枝能讓牠願意駐足、休息下來呢？

高山愈高愈會有寬廣的視野；海水愈深愈會有豐富的寶藏，

賢士愈多愈會有穩定的太平盛世。

要學習和周公一樣，當賢明的人才到家裡來訪，

即使自己正在用餐，也趕緊把嘴裡的飯菜吐到一旁，

出來見見這位難得的朋友啊！

只要懂得珍惜，一定能使天下賢者投身幫忙！」

子夜吳歌　　　李白

長安一片月，
萬戶[1]搗衣[2]聲。
秋風吹不盡，

1. 萬戶：形容住戶眾多
2. 搗衣：用棒杵捶打布料，使其柔軟便於製衣

總是玉關[3]情。

何日平[4]胡虜[5]，

良人[6]罷遠征[7]。

3.玉關：玉門關，漢代時通往西域的關口
4.平：平定
5.胡虜：來自外族的敵人
6.良人：丈夫
7.遠征：到遠方從軍征戰

換個方式讀讀看

　　古道兩側擠滿人群，婦人牽著幼兒緊偎在壯士身旁，眼淚早已止不住；而另一頭，是老翁腳步蹣跚、搖搖晃晃地向前走來。不論是壯士，還是老翁，他們都加入臨時徵召戰士隊伍的行列，將到邊塞駐守，或是遠赴戰場英勇殺敵。軍令一下，浩浩蕩蕩的戰士們背起簡單行囊離開家鄉，他們的步伐踩得滿地黃沙塵土飛揚，送別的人群紛紛捲起衣袖頻頻拭淚，你說是離別的感情太苦？還是這片塵土讓人眼睛不舒服直流淚呢？

　　唐玄宗在位四十五年，後期執政的十五年（天寶年間）戰爭頻傳，內憂外患可說是一波未平，一波又起。當兵力短缺的時候，長期務農的老百姓就會被徵召充當救援，衝擊了原本生活辛苦，卻倒也甘之如飴的一群人。

　　等待親人回來的日子並不輕鬆，每天早晨，總會情不自禁地遙望遠方，盼望他們早日返家。只是一天一天過去，滿心的期待，也一天一天地落空。

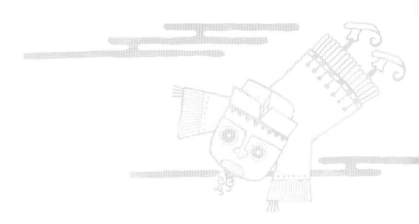

　　其中就有一位婦人，正在殷殷期盼著戰爭結束，等待丈夫早日歸來。

　　丈夫被徵召去打仗已經好久了，時節邁入了秋天。這個晚上，月亮格外皎潔，照亮了整個長安大城。這樣的夜晚，沒想到一戶戶接連響起了搥打衣服的聲音，「大家都在搗衣，開始準備做成戰服，給在冬天裡打仗的親人增添衣裳了呀。也是，天氣逐漸轉涼了，該是時候準備衣服給遠在戰場上的丈夫啊！」才剛想到丈夫，秋風又吹進窗裡。「真的變冷了，不知道，丈夫在戰場上有沒有吃得飽、穿得暖呢？」讓她又更加思念牽掛起丈夫。「到底何時才能把那些來自外族的敵人給消滅掉，結束戰爭回來呢？」婦人的心思，遠遠地飄到了遠在玉門關外打仗殺敵的丈夫身上。

　　這種擔心戰場上的親人，並且期望戰爭早日結束的心情，不僅僅屬於這位婦人，更是那些正在搗著衣服的萬戶人家共同的寫照。

原典

遊子吟　　孟郊

慈母手中線，
遊子身上衣。
臨行[1]密密縫[2]，

1. 臨行：即將出發
2. 縫：以針線綴補

意一恐ㄎㄨㄥˇ遲ㄔˊ遲ㄔˊ歸ㄍㄨㄟ[3]。
誰ㄕㄟˊ言ㄧㄢˊ寸ㄘㄨㄣˋ草ㄘㄠˇ[4]心ㄒㄧㄣ，
報ㄅㄠˋ[5]得ㄉㄜˊ三ㄙㄢ春ㄔㄨㄣ暉ㄏㄨㄟ[6]。

3. 遲遲歸：太晚回家
4. 寸草：微小
5. 報：報答
6. 三春暉：春天的陽光

換個方式讀讀看

「我被派往溧陽做官了！」孟郊難掩興奮的心情，急切地想趕回家鄉迎接母親到溧陽！

這位是唐朝的大詩人——孟郊，經歷了好幾次的科舉考試，總是名落孫山，終於在他四十六歲那一年，金榜題名，中了進士！幾年後，被派往溧陽做官。

孟郊回想起年幼時，因為父親早逝，母親總是一個人勒緊腰帶，撐起全家的重擔，含辛茹苦地把他和弟弟們養育成人。雖然生活清苦，母親仍舊不希望孟郊放棄求學，即使再困頓，母親仍舊鼓勵孟郊上京赴考，取得功名。

「上京赴考，這一路上的住宿、交通，又是一筆不少的開銷。如果今年再沒有考上，該怎麼對母親交代呢？」在赴考的前一個晚上，孟郊邊準備著遠行攜帶的行李，一邊煩惱著。他好希望這回能順順利利地考中

進士，早點取得功名，來回報母親對他的期待。

　　母親當然明白孟郊的心情，但她什麼也沒說，只是拿出了針線為兒子縫製衣服。在針線一來一回之間，母親把對兒子的關愛全部傾注在衣服裡。「這一趟遠行，兒子應該很久都無法回家吧！天氣逐漸要變涼了，這衣服可要縫得密密實實地，才不會讓兒子著了涼啊！希望兒子啊，可以早點取得功名早日榮歸鄉里啊！」母親的愛，溢於言表。

　　想到此，孟郊忍不住心中的激動，以及對母親的感激，於是更加快腳步趕回家，希望趕緊接母親一同前往溧陽居住。

　　「母親啊！您無私的母愛，就像春天的陽光，如此溫暖地照耀著我們；子女們如同小草般的孝心，又怎麼能回報慈母如此深厚的恩惠呢？」

　　在接母親到溧陽居住後，孟郊將這些對母親的感懷，寫成了千古流傳的〈遊子吟〉來紀念他辛苦又偉大的母親。

認識從前從前的民歌手

同樣是詠唱的詩，《詩經》反映的是一般人生活裡的現況和感受，而《樂府詩集》則是從前從前的民歌手——詩人針對一些特定的事，有話要說，特意創作出來的作品，唱出事情的始末，也唱出對事情的意見。

樂府詩到底怎麼唱的，至今也許不重要了。但是原本的歌詞留存下來，卻讓我們知道，古代人即使交通、通訊不便，仍有許多人滿懷愛心和熱情，關心著周遭甚至遠方的那些人、那些事，而且想辦法藉著歌唱的形式傳播，讓更多人知道。大至戰爭的生離死別，小至地方的一片風景，感傷如「十五從軍征，八十始得歸」，輕快如「江南可采蓮，蓮葉何田田」……一直到現在，時空相隔遙遠，我們卻彷彿還看到那位少小離家從軍，退伍回家卻找不到家和家人的老兵，看到他正流著眼淚；看到江南採蓮的男男女女，他們正一邊唱歌一邊工作。

也因為這樣事出必有因，樂府詩似乎更變成一種提醒，提醒我們學習詩人的胸襟，時時要問：除了自己以外，我們還關心著哪些人、事、物？世上還有戰亂嗎？不公不義的事還在發生嗎？農人的生活安穩嗎？或者，我們也有話要說？現代交通、通訊的方式多元，速度和廣度一日千里，我們可以在最短的時間內，獲知比古人多上數萬倍的資訊和消息，但是，熱心和熱情呢？可千萬不要輸給他們喔！

我是大導演

看完了《樂府詩集》的故事之後，
現在換你當導演。
請利用紅圈裡面的主題（歌曲），
參考白圈裡的例子（例如：樂器），
發揮你的聯想力，
在剩下的三個白圈中填入相關的詞語，
並利用這些詞語畫出一幅圖。

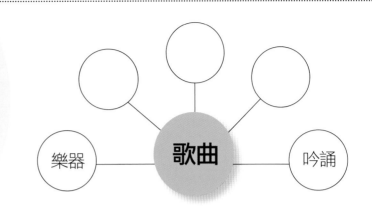

經典
少年遊

youth.classicsnow.net

◎ 少年是人生開始的階段。因此，少年也是人生最適合閱讀經典的時候。

　　因為，這個時候讀經典，可以為將來的人生旅程準備豐厚的資糧。

　　因為，這個時候讀經典，可以用輕鬆的心情探索其中壯麗的天地。

◎ 【經典少年遊】，每一種書，都包括兩個部分：「繪本」和「讀本」。

　　繪本在前，是感性的、圖像的，透過動人的故事，來描述這本經典最核心的精神。

　　小學低年級的孩子，自己就可以閱讀。

　　讀本在後，是理性的、文字的，透過對原典的分析與說明，讓讀者掌握這本經典最珍貴的知識。

　　小學生可以自己閱讀，或者，也適合由家長陪讀，提供輔助說明。

001 詩經　最早的歌
Book of Odes:The Earliest Collection of Songs
原著／無名氏　原典改寫／唐香燕　故事／比方　繪圖／AU

聽！誰在唱著歌？「關關雎鳩，在河之洲，窈窕淑女，君子好逑。」這是兩千多年前的人民，他們辛苦工作、努力生活，把喜怒哀樂都唱進歌裡頭，也唱成了《詩經》。這是遙遠從前的人們，為自己唱的歌。

002 屈原　不媚俗的楚大夫
Ch'ü Yüan:The Noble Liegeman
原著／屈原　原典改寫／詹凱婷　故事／張瑜婷　繪圖／灰色獸

如果說真話會被討厭、還會被降職，誰還願意說出內心話？屈原卻仍然說著：「是的，我願意。」屈原的認真固執，讓他被流放到遠方。他只能把自己的真心話寫成《楚辭》，表達心中的苦悶和難過。

003 古詩十九首　亂世的悲歡離合
Nineteen Ancient Poems:Poetry in Wartime
原著／無名氏　原典改寫／康逸藍　故事／張瑜珊　繪圖／吳孟芸

蕭統喜歡文學，喜歡蒐集優美的作品。這些作品是「古詩十九首」，不知道作者是誰，也無法確定究竟來自於何時。當蕭統遇見「古詩十九首」，他看見離別的人，看見思念的人，還看見等待的人。

004 樂府詩集　說故事的民歌手
Yuefu Poetry:Tales that Sing
編者／郭茂倩　原典改寫／劉湘湄　故事／比方　繪圖／菌先生

《樂府詩集》是古老的民歌，唱著花木蘭代父從軍的勇敢，唱出了採蓮遊玩的好時光。如果不是郭茂倩四處蒐集，將五千多首詩整理成一百卷，我們今天怎麼有機會感受到這些民歌背後每一則動人的故事？

005 陶淵明　田園詩人
T'ao Yüan-ming:The Pastoral Poet
原著／陶淵明　原典改寫／唐香燕　故事／鄧芳喬　繪圖／黃雅玲

陶淵明不喜歡當官，不想為五斗米折腰。他最喜歡的生活就是早上出門耕作，空閒的時候看書寫詩，跟朋友喝點酒，開心就大睡一場。閱讀陶淵明的詩，我們也能一同享受關於他的，最美好的生活。

006 李白　長安有個醉詩仙
Li Po:The Drunken Poet
原著／李白　原典改寫／唐香燕　故事／比方　繪圖／謝祖華

要怎麼稱呼李白？是詩仙，還是酒仙？是浪漫的劍客，還是頑皮的大孩子？寫詩是他最出眾的才華，酒與月亮是他的最愛。李白總說著「人生得意須盡歡」，還說「欲上青天攬明月」，那就是他的任性、浪漫與自由。

007 杜甫　憂國的詩聖
Tu Fu:The Poet Sage
原著／杜甫　原典改寫／周姚萍　故事／鄧芳喬　繪圖／王若齊

為什麼詩人杜甫這麼不開心？因為當時的唐朝漸漸破敗，又是戰爭，又是饑荒，杜甫看著百姓失去親人，流離失所。他像是來自唐朝的記者，為我們報導了太平時代之後的動亂，我們看見了小老百姓的真實生活。

008 柳宗元　曠野寄情的旅行者
Liu Tsung-yüan:The Travelling Poet
原著／柳宗元　原典改寫／岑澎維　故事／張瑜珊　繪圖／陳尚仁

柳宗元年輕的時候就擁有好多夢想，等待實現。幾年之後，他卻被貶到遙遠的南方。他很失落，卻沒有失去對生活的希望。他走進永州的山水，聽樹林間的鳥叫聲，看湖面上的落雪，記錄南方的風景和生活。

◎ 【經典少年遊】，我們先出版一百種中國經典，共分八個主題系列：
詩詞曲、思想與哲學、小説與故事、人物傳記、歷史、探險與地理、生活與素養、科技。
每一個主題系列，都按時間順序來選擇代表性的經典書種。

◎ 每一個主題系列，我們都邀請相關的專家學者擔任編輯顧問，提供從選題到內容的建議與指導。
我們希望：孩子讀完一個系列，可以掌握這個主題的完整體系。讀完八個不同主題的系列，
可以不但對中國文化有多面向的認識，更可以體會跨界閱讀的樂趣，享受知識跨界激盪的樂趣。

◎ 如果説，歷史累積下來的經典形成了壯麗的山河，那麼【經典少年遊】就是希望我們每個人
都趁著年少，探索四面八方，拓展眼界，體會山河之美，建構自己的知識體系。
少年需要遊經典。
經典需要少年遊。

009 李商隱　情聖詩人
Li Shang-yin:Poet of Love
原著／李商隱　原典改寫／唐香燕　故事／張瓊文　繪圖／馬樂原

「春蠶到死絲方盡，蠟炬成灰淚始乾。」這是李商隱最出名的情詩。他在山上遇見一個美麗宮女，不僅為她寫詩，還用最溫柔的文字説出他的想念。雖然無法在一起，可是他的詩已經成為最美麗的信物。

010 李後主　思鄉的皇帝
Li Yü:Emperor in Exile
原著／李煜　原典改寫／劉思源　故事／比方　繪圖／查理宛豬

李後主是最有才華的皇帝，也是命運悲慘的皇帝。他的天真善良，讓他當不成一個好君主，卻成為我們心中最溫柔善感的詞人，也總是讓我們跟著他嘆息：「問君能有幾多愁，恰似一江春水向東流。」

011 蘇軾　曠達的文豪
Su Shih:The Incorrigible Optimist
原著／蘇軾　原典改寫／劉思源　故事／張瓊文　繪圖／桑德

誰能精通書畫，寫詩詞又寫散文？誰不怕挫折，幽默頑皮面對每一次困境？他就是蘇軾。透過他的作品，我們看到的不僅是身為「唐宋八大家」的出色文采，更令人驚嘆的是他處處皆驚喜與享受的生活態度。

012 李清照　中國第一女詞人
Li Ch'ing-chao:The Preeminent Poetess of China
原著／李清照　原典改寫／劉思源　故事／鄧芳喬　繪圖／蘇力卡

李清照與丈夫趙明誠雖然不太富有，卻用盡所有的錢搜集古字畫，帶回家細品味。只是戰爭發生，丈夫過世，李清照像落葉一樣飄零，所有的難過，都只能化成文字，寫下一句「簾捲西風，人比黃花瘦」。

013 辛棄疾　豪放的英雄詞人
Hsin Ch'i-chi:The Passionate Patriot
原著／辛棄疾　原典改寫／岑澎維　故事／張瑜珊　繪圖／陳柏龍

辛棄疾，宋代的愛國詞人。收回被金人佔去的領土，是他的夢想。他把這個夢想寫進詞裡，成為豪放派詞人的代表。看他的故事，我們可以感受「氣吞萬里如虎」的氣勢，也能體會「卻道天涼好箇秋」的自得。

014 姜夔　愛詠梅的音樂家
Jiang K'uei:Plum Blossom Musician
原著／姜夔　原典改寫／嚴淑女　故事／張瓊文　繪圖／57

姜夔是南宋詞人，同時也是音樂家，不僅自己譜曲，還留下古代的樂譜，將古老的旋律流傳到後世。他的文字優雅，正如同他敏感細膩的心思。他的創作，讓我們理解了萬物的有情與奧妙。

015 馬致遠　歸隱的曲狀元
Ma Chih-yüan:The Carefree Playwright
原著／馬致遠　原典改寫／岑澎維　故事／張瓊文　繪圖／簡漢平

「枯藤老樹昏鴉，小橋流水平沙」，是元曲家馬致遠最出名的作品，他被推崇為「曲狀元」。由於仕途不順，辭官回家。這樣曠達的思想，讓馬致遠的作品展現豪氣，被推崇為元代散曲「豪放派」的代表。

經典
少年遊

youth.classicsnow.net

004
樂府詩集 說故事的民歌手
Yuefu Poetry
Tales that Sing

編輯顧問（姓名筆劃序）
王安憶 王汎森 江曉原 李歐梵 郝譽翔 陳平原
張隆溪 張臨生 葉嘉瑩 葛兆光 葛劍雄 鄭培凱

編者：郭茂倩
原典改寫：劉湘湄
故事：比方
封面繪圖：菌先生 莊安評
內頁繪圖：菌先生

主編：冼懿穎
編輯：張瑜珊 張瓊文 鄧芳喬
美術設計：張士勇 倪孟慧
校對：呂佳真

企畫：網路與書股份有限公司
出版者：大塊文化出版股份有限公司
台北市10550南京東路四段25號11樓
www.locuspublishing.com
讀者服務專線：0800-006689
TEL：+886-2-87123898
FAX：+886-2-87123897
郵撥帳號：18955675
戶名：大塊文化出版股份有限公司
法律顧問：全理法律事務所董安丹律師

總經銷：大和書報圖書股份有限公司
地址：新北市新莊區五工五路2號
TEL：+886-2-8990-2588
FAX：+886-2-2290-1658
製版：瑞豐實業股份有限公司

初版一刷：2012年8月
定價：新台幣299元